Arena

DAS BUCH DER COOLSTEN
KREUZWORTRÄTSEL

Trage die Wörter anhand der Zahlen in die Kästchen ein.
Ob waagrecht oder senkrecht, das musst du selbst entscheiden.

© Ahlgrimm/DEIKE

Bilde aus den Silben
DEL EI EIN EN GAR HORN
NA RIE SE TEN TEN
die Wörter der folgenden Bedeutungen

1 sehr sehr großer Mensch
2 pferdeähnliches Märchenwesen
3 Blumen- und Grasfläche beim Haus
4 Gelege eines Wasservogels
5 Nähwerkzeug

Trage die Wörter in Konrads Rätselgitter ein. Die Buchstaben in den blauen und gelben Feldern ergeben jeweils ein „Wetterwort".

START

CUXHAVEN

Folge den Pfeilen und schreibe die Anfangsbuchstaben der Tiere
in die roten Kästchen. So erfährst du, wie der Leuchtturm heißt.

Zunächst musst du die Bedeutung der Bilder herausfinden. Die Zahl links vom Bild sagt dir, wie viele Buchstaben das gesuchte Wort hat. Dann kannst du die richtige Position im Rätsel austüfteln (ä = ae).

1  **2**   Kontinent **3**   **4**   **5**

1 | | | | B | | |

2 | | | | |

3 S E E K U H

4 | | P | U |

5 | | | | |

6 | | | | |

7 | O | | R |

8 | | | | |

9 | | | | |

10 | | G | | |

6  **7**   **8**  **9** | **10** |

Finde für jedes Bild die passende Beschreibung.
Die Wörter setzt du dann in die vorgegebenen Felder ein.
Auf dem Mittelbalken ergibt sich das Lösungswort.

Trage die Wörter anhand der Zahlen in die Kästchen ein.
Ob waagrecht oder senkrecht, das musst du selbst entscheiden.

E	I	N	H	E	H	N	N	E	R	R	C
R	A	T	D	S	O	N	E	A	B	T	N
B	U	E	G	E	L	B	R	E	T	T	B
S	E	I	L	I	T	K	O	N	N	T	T
N	C	L	I	D	E	I	T	E	C	S	N
N	P	H	I	T	E	R	P	I	R	A	T
U	S	A	A	N	U	S	P	I	N	N	E
D	E	N	T	L	D	C	S	I	A	E	T
E	N	C	I	I	T	H	S	E	R	N	A
L	R	T	E	I	I	E	B	S	R	B	I
N	H	R	G	D	R	N	R	T	S	T	I

SCHALTER

Schreibe auf, was die Bilder bedeuten. Suche dann die Wörter im Buchstabenfeld. Sie können von links nach rechts, von oben nach unten oder auch schräg zu lesen sein. Die Wörter können sich auch überschneiden (ü = ue).

Mach es wie Oscar und versuche, die Katzen zu zählen!
Wie viele findest du auf dem Bild?

Die Buchstaben der Felder 1 bis 9 ergeben ein junges Haustier.

1 2 3 4 5 6 7 8 9

Schau genau!

Das obere Bild unterscheidet sich durch 8 Fehler
von dem Bild darunter!

Trage die Wörter anhand der Zahlen in die Kästchen ein.
Ob waagrecht oder senkrecht, das musst du selbst entscheiden.

Eben schien noch die Sonne, jetzt regnet es.

Löse das Bilderrätsel und du erfährst, was sich Konrad dabei denkt.

Bilderrätsel

Suche die Tiere, die du über den Lösungsfeldkästchen siehst im großen Bild, und trage die dazugehörigen Buchstaben in die Kästchen ein.

Die Wörter verraten dir, wo die Kinder mit dem Kanu unterwegs sind.

Zunächst musst du die Bedeutung der Bilder herausfinden. Die Zahl links vom Bild sagt dir, wie viele Buchstaben das gesuchte Wort hat. Dann kannst du die richtige Position im Rätsel austüfteln (ü = ue).

Finde für jedes Bild die passende Beschreibung.
Die Wörter setzt du dann in die vorgegebenen Felder ein.
Auf dem Mittelbalken ergibt sich das Lösungswort.

Trage die Wörter anhand der Zahlen in die Kästchen ein.
Ob waagrecht oder senkrecht, das musst du selbst entscheiden.

Buchstabenrätsel

T	S	E	S	E	R	N	E	E	E	N	B
S	P	A	R	S	C	H	W	E	I	N	R
E	I	E	S	S	M	H	E	Z	P	E	M
A	N	E	E	M	S	I	N	I	I	P	A
E	N	C	R	B	C	N	K	N	N	B	M
I	E	S	V	O	G	E	L	H	A	U	S
W	N	E	I	S	E	L	A	E	K	E	S
E	N	G	E	T	W	A	M	P	P	F	A
S	E	K	T	A	E	O	M	E	O	F	I
K	T	I	T	E	I	N	E	O	A	E	K
G	Z	N	E	T	H	R	R	N	R	L	E

SERVIETTE

Schreibe auf, was die Bilder bedeuten. Suche dann die Wörter im Buchstabenfeld. Sie können von links nach rechts, von oben nach unten oder auch schräg zu lesen sein. Die Wörter können sich auch überschneiden (ü = ue).

Trage die Buchstaben an den vorgegebenen Stellen in das Lösungsfeld ein. Richtig gelöst, erfährst du, was Oscar mit seinen neuen Freunden macht.

Die Buchstaben der Felder 1 bis 9 ergeben ein Märchenwesen.

1 2 3 4 5 6 7 8 9

DEIKE-1214-413

Schau genau!

Das obere Bild unterscheidet sich durch 8 Fehler
von dem Bild darunter!

Gitterrätsel

Trage die Wörter anhand der Zahlen in die Kästchen ein.
Ob waagrecht oder senkrecht, das musst du selbst entscheiden.

22

Konrads Rätsel

Konrads Freunde Karli, Kai und Kasimir haben nach einem Besuch ihre Schirme vergessen. Konrad will herausfinden, wem welcher Schirm gehört. Diese Aussagen helfen ihm und dir dabei:

1 Der Schirm mit den Streifen gehört nicht Karli.

2 Karlis Schirm steht neben dem von Kasimir.

3 Der größte Schirm gehört entweder Kai oder Kasimir.

© Ahlgrimm/DEIKE

Wenn du die nummerierten Gegenstände und Tiere hier einträgst, erfährst du in der ersten Spalte, was Jack der Affe gemopst hat.

1.
2.
3.
4.
5.
6.
7.
8.
9.
10.
11.

Irgendwie läuft bei der Schatzsuche alles schief: Auch im vierten Loch ist kein Gold vergraben! Die ersten Piraten geraten schon in Streit. Findest du heraus, wer Fred ist und wo sein Hut liegt?

Zunächst musst du die Bedeutung der Bilder herausfinden. Die Zahl links vom Bild sagt dir, wie viele Buchstaben das gesuchte Wort hat. Dann kannst du die richtige Position im Rätsel austüfteln (ä = ae, ü = ue).

Gitterrätsel

1 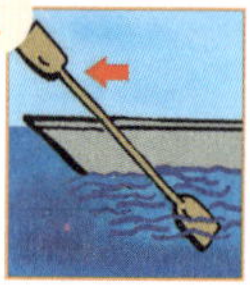

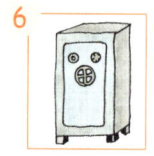

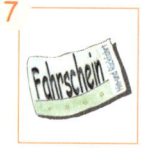

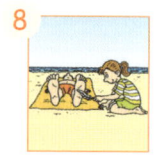

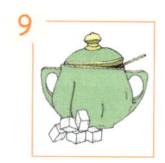

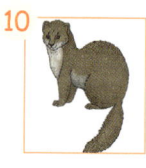

2 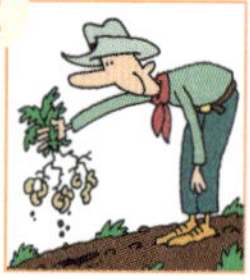

3 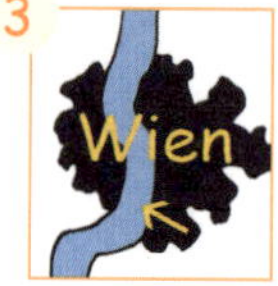

4 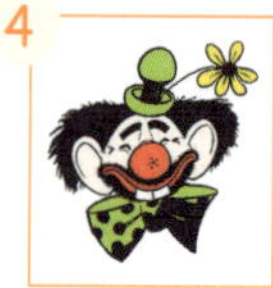

5 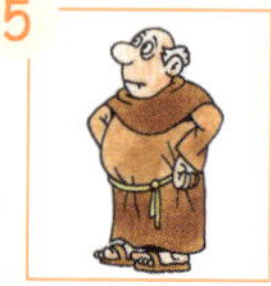

1 P										
					2 E	R	N	T	E	N
	3	O								
					4					
5										
					6					
7		C	K							
					8				U	
9	U									
					10			D		

6

7

8

9

10

Finde für jedes Bild die passende Beschreibung.
Die Wörter setzt du dann in die vorgegebenen Felder ein.
Auf dem Mittelbalken ergibt sich das Lösungswort (ö = oe).

Trage die Wörter anhand der Zahlen in die Kästchen ein.
Ob waagrecht oder senkrecht, das musst du selbst entscheiden.

F	P	A	P	I	E	R	K	K	R	B	S
M	N	S	A	M	E	U	E	L	S	A	O
L	P	E	U	S	N	M	S	N	B	T	N
M	K	O	C	H	O	R	S	S	T	R	N
R	E	N	S	E	S	E	E	R	O	S	E
P	F	R	R	E	T	N	L	M	P	U	N
T	S	M	O	U	R	T	Q	T	N	N	B
S	M	F	N	R	H	I	B	K	U	X	L
B	S	B	O	E	F	E	U	E	R	R	U
O	F	E	I	E	B	R	Z	S	K	R	M
B	A	U	M	K	T	D	E	K	M	E	E

OELTURM

Schreibe auf, was die Bilder bedeuten. Suche dann die Wörter im Buchstabenfeld. Sie können von links nach rechts, von oben nach unten oder auch schräg zu lesen sein. Die Wörter können sich auch überschneiden (ö = oe).

Oscars Freunde sind der Reihe nach unter drei aufeinander-
folgenden Sternzeichen geboren. Wenn Max Widder ist,
was sind dann Tomi und Wolf?

Die Buchstaben der Felder 1 bis 12 ergeben ein Wetterphänomen.

1	2	3	4	5	6	7	8	9	10	11	12

Schau genau!

Das obere Bild unterscheidet sich durch 8 Fehler
von dem Bild darunter!

Trage die Wörter anhand der Zahlen in die Kästchen ein.
Ob waagrecht oder senkrecht, das musst du selbst entscheiden.

Konrad will den Schirm kaufen. Reicht sein Geld?

Wo ist das Schweinchen mit dem quer gestreiften Pulli, der langen Hose, der Sonnenbrille und dem Fußball?

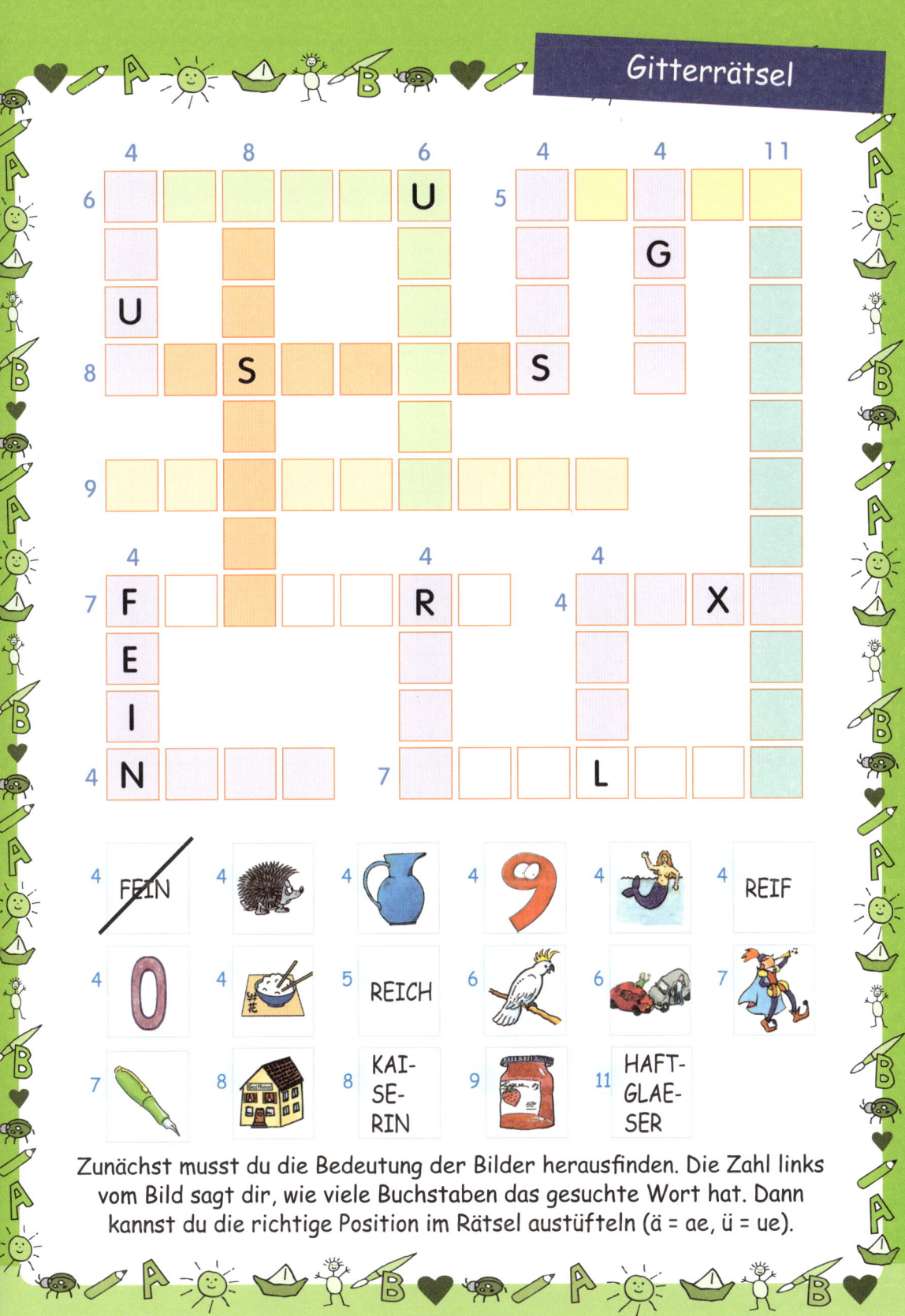

Zunächst musst du die Bedeutung der Bilder herausfinden. Die Zahl links vom Bild sagt dir, wie viele Buchstaben das gesuchte Wort hat. Dann kannst du die richtige Position im Rätsel austüfteln (ä = ae, ü = ue).

Gitterrätsel

1 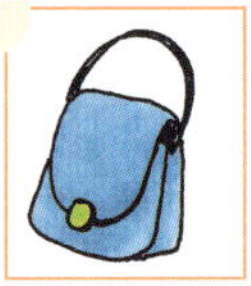
2 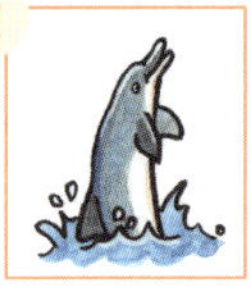
3 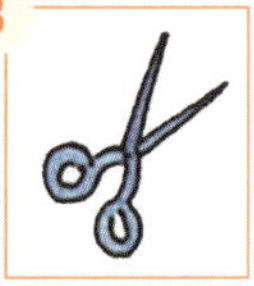
4 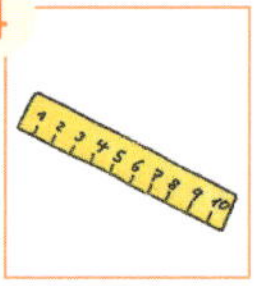
5 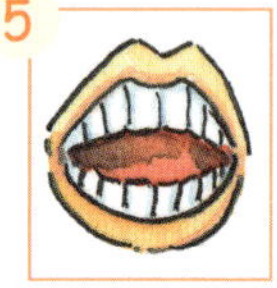

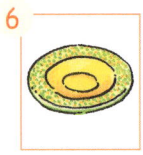

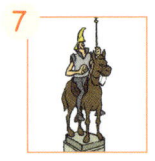

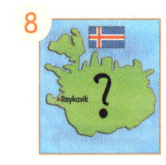

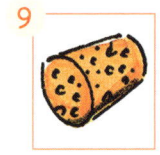

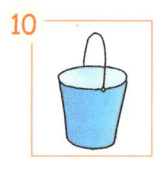

1										
					2					
3										
					4					
5 G	E	B	I	S	S					
					6					
7	T			U						
					8					
9										
					10					

6
7
8

9
10

Finde für jedes Bild die passende Beschreibung.
Die Wörter setzt du dann in die vorgegebenen Felder ein.
Auf dem Mittelbalken ergibt sich das Lösungswort.

Trage die Wörter anhand der Zahlen in die Kästchen ein.
Ob waagrecht oder senkrecht, das musst du selbst entscheiden.

N	I	R	B	A	D	E	W	A	N	N	E
W	A	E	N	G	R	S	A	O	D	E	O
M	E	L	T	A	J	R	J	E	I	N	N
R	A	I	A	T	E	L	N	U	M	J	R
A	R	L	R	S	A	N	T	E	N	R	G
R	G	R	S	O	T	N	I	U	F	G	L
I	R	B	E	T	B	W	R	E	G	M	E
T	E	T	E	T	I	O	A	L	E	T	S
T	T	R	A	U	E	F	T	G	I	U	A
E	N	E	E	E	R	S	T	E	E	T	R
R	T	T	I	R	R	M	E	E	R	N	N

JUNGE

Schreibe auf, was die Bilder bedeuten. Suche dann die Wörter im Buchstabenfeld. Sie können von links nach rechts, von oben nach unten oder auch schräg zu lesen sein. Die Wörter können sich auch überschneiden (ü = ue).

Oscars Rätsel

Oscar hat 3 Muffins, Max 6 Bonbons, Otto 4 Lutscher.
Wie viele Muffins zahlt Oscar für 4 Lutscher und wie viele
Bonbons bekommt er für 2 Muffins?

Die Buchstaben der Felder 1 bis 12 ergeben den Beginn einer Jahreszeit.

1	2	3	4	5	6	7	8	9	10	11	12

Schau genau!

Das obere Bild unterscheidet sich durch 8 Fehler
von dem Bild darunter!

Gitterrätsel

Trage die Wörter anhand der Zahlen in die Kästchen ein.
Ob waagrecht oder senkrecht, das musst du selbst entscheiden.

Rate die oben abgebildeten Begriffe. Die vorgegebenen Buchstaben helfen dir, den richtigen Platz für die Wörter zu finden. In den gelben Feldern ergibt sich das gesuchte Lösungswort.

Welche Leitern und Treppen muss Fridolin der Gärtner nehmen,
um zum Blumentopf auf dem Dach zu gelangen?

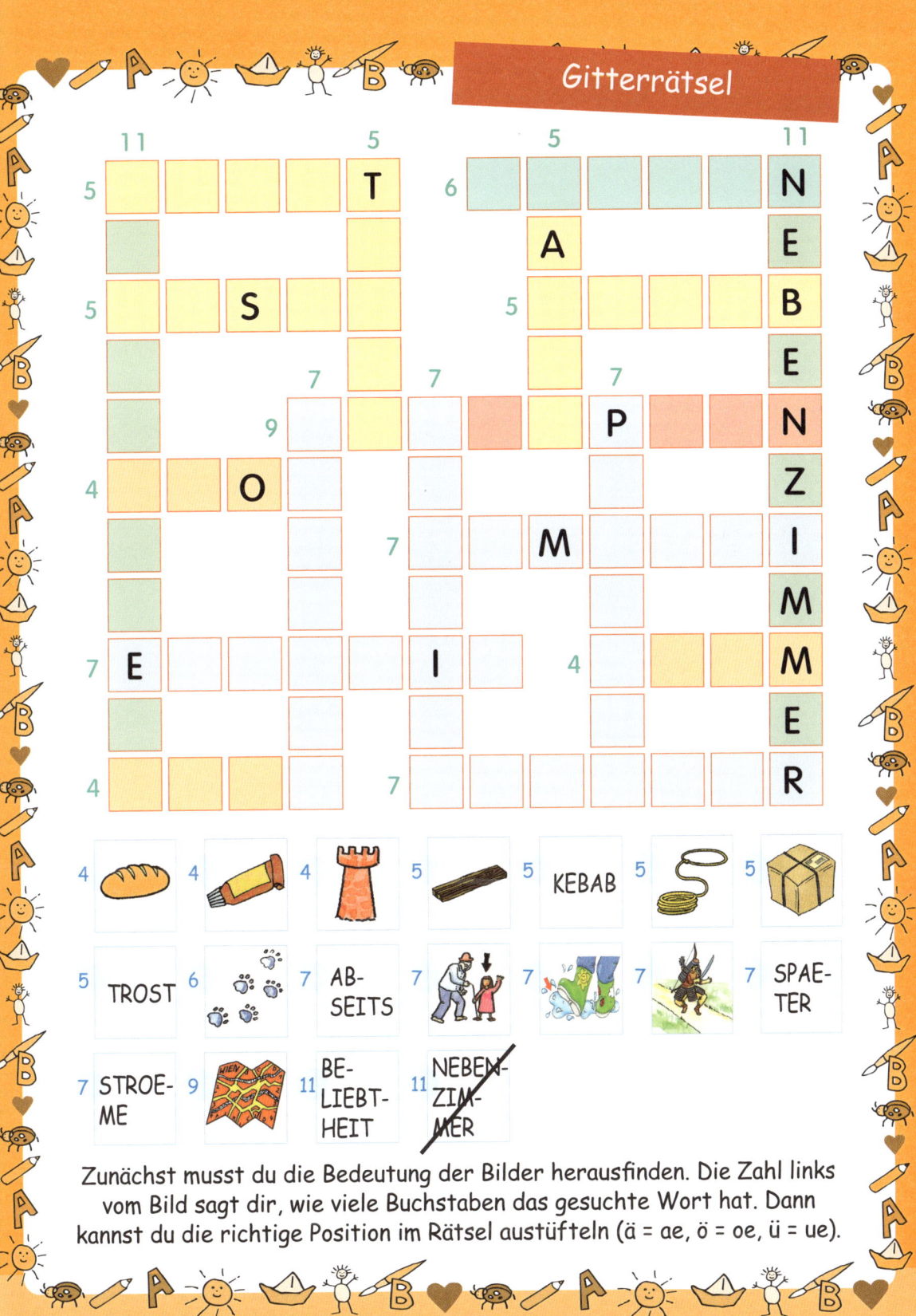

Zunächst musst du die Bedeutung der Bilder herausfinden. Die Zahl links vom Bild sagt dir, wie viele Buchstaben das gesuchte Wort hat. Dann kannst du die richtige Position im Rätsel austüfteln (ä = ae, ö = oe, ü = ue).

Gitterrätsel

 1  2   3   4   5

1 ☐ ☐ ☐ ☐ ☐

2 ☐ K ☐ ☐ ☐

3 ☐ ☐ ☐ ☐

4 L O N D O N

5 ☐ ☐ B ☐ ☐

6 ☐ ☐ ☐ ☐ ☐

7 ☐ ☐ ☐ ☐

8 ☐ ☐ ☐ ☐

9 K ☐ ☐ ☐ ☐

10 ☐ ☐ ☐ ☐

 6  7   8   9  10

Finde für jedes Bild die passende Beschreibung.
Die Wörter setzt du dann in die vorgegebenen Felder ein.
Auf dem Mittelbalken ergibt sich das Lösungswort (ü = ue).

Trage die Wörter anhand der Zahlen in die Kästchen ein.
Ob waagrecht oder senkrecht, das musst du selbst entscheiden.

H	A	N	D	S	C	H	U	H	E	B	S
N	I	S	N	B	E	N	T	F	S	C	C
A	B	R	I	E	F	K	A	S	T	E	N
F	U	K	B	L	E	I	S	T	I	F	T
E	I	E	N	K	S	S	E	I	N	H	A
F	I	K	S	Q	K	I	C	E	K	T	K
P	E	T	E	P	P	I	C	H	T	R	T
E	B	C	T	R	I	E	I	S	I	E	B
R	E	H	F	S	Z	T	F	A	E	F	N
E	S	S	C	H	A	E	F	E	R	P	F
E	N	S	S	E	T	S	N	I	R	S	S

BLEISTIFT

Schreibe auf, was die Bilder bedeuten. Suche dann die Wörter im Buchstabenfeld. Sie können von links nach rechts, von oben nach unten oder auch schräg zu lesen sein. Die Wörter können sich auch überschneiden (ä = ae).

© Bruchnalski/DEIKE

Oscar hat sich ein Tier gekauft, er weiß aber nicht welches.
Er weiß nur, dass man es einer alten Redewendung nach für gewöhnlich
im Sack kauft. Welches der Tiere ist es?

Die Buchstaben der Felder 1 bis 10 ergeben ein Spielgelände.

1	2	3	4	5	6	7	8	9	10

DEIKE 1214-0713

Schau genau!

Das obere Bild unterscheidet sich durch 8 Fehler
von dem Bild darunter!

Trage die Wörter anhand der Zahlen in die Kästchen ein.
Ob waagrecht oder senkrecht, das musst du selbst entscheiden.

Konrads Rätsel

Konrad will seine Freundin im Freibad ärgern. Wenn du das Buchstabenpuzzle richtig zusammensetzt, weißt du, was er hinter dem Rücken versteckt.

Die fröhliche Safarigesellschaft weiß nicht, in welcher Gefahr sie schwebt, denn eines der Tiere versucht sich anzunähern. Welches?

Zunächst musst du die Bedeutung der Bilder herausfinden. Die Zahl links vom Bild sagt dir, wie viele Buchstaben das gesuchte Wort hat. Dann kannst du die richtige Position im Rätsel austüfteln (ü = ue).

Gitterrätsel

 1 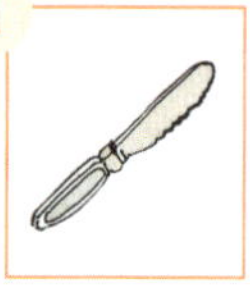
 2 
 3 
 4 
 5

1 ▢ ▢ ▢ ▢ ▢

2 ▢ ▢ ▢ ▢

3 ▢ ▢ ▢ ▢ ▢

4 ▢ ▢ ▢ ▢ ▢

5 ▢ ▢ ▢ ▢ ▢

6 ▢ ▢ ▢ ▢

7 ▢ ▢ ▢ ▢

8 **U R W A L D**

9 ▢ ▢ ▢ ▢

10 ▢ ▢ ▢

6   7   8   9   10

Finde für jedes Bild die passende Beschreibung.
Die Wörter setzt du dann in die vorgegebenen Felder ein.
Auf dem Mittelbalken ergibt sich das Lösungswort.

Trage die Wörter anhand der Zahlen in die Kästchen ein.
Ob waagrecht oder senkrecht, das musst du selbst entscheiden.

T	E	L	K	L	E	E	B	L	A	T	T
R	A	L	N	U	R	P	O	A	B	E	L
N	B	R	A	T	W	U	R	S	T	Z	E
E	Z	L	I	R	P	F	A	N	N	E	Q
F	S	N	U	N	I	S	N	N	E	U	N
E	B	N	B	B	E	H	U	O	R	R	A
R	L	N	B	E	N	R	I	R	N	N	S
T	R	U	P	E	I	N	E	X	F	U	H
A	I	N	E	R	S	L	S	I	H	E	O
B	O	S	A	Z	A	U	B	E	R	E	R
R	E	H	R	N	B	R	U	N	N	E	N

SURFER

Schreibe auf, was die Bilder bedeuten. Suche dann die Wörter im Buchstabenfeld. Sie können von links nach rechts, von oben nach unten oder auch schräg zu lesen sein. Die Wörter können sich auch überschneiden.

© Bruchnalski/DEIKE

Immer zwei Gegenstände haben etwas miteinander zu tun. Oscar braucht deine Hilfe, um herauszufinden, um welche es sich handelt.

Die Buchstaben der Felder 1 bis 10 ergeben eine Himmelserscheinung.

1	2	3	4	5	6	7	8	9	10

Schau genau!

Das obere Bild unterscheidet sich durch 8 Fehler
von dem Bild darunter!

Gitterrätsel

Trage die Wörter anhand der Zahlen in die Kästchen ein.
Ob waagrecht oder senkrecht, das musst du selbst entscheiden.

Konrads Rätsel

Konrads Lieblingsblume braucht Wasser! Welche Hähne muss Konrad öffnen oder schließen, damit das Wasser auf seine Pflanze fließt?

Bilderrätsel

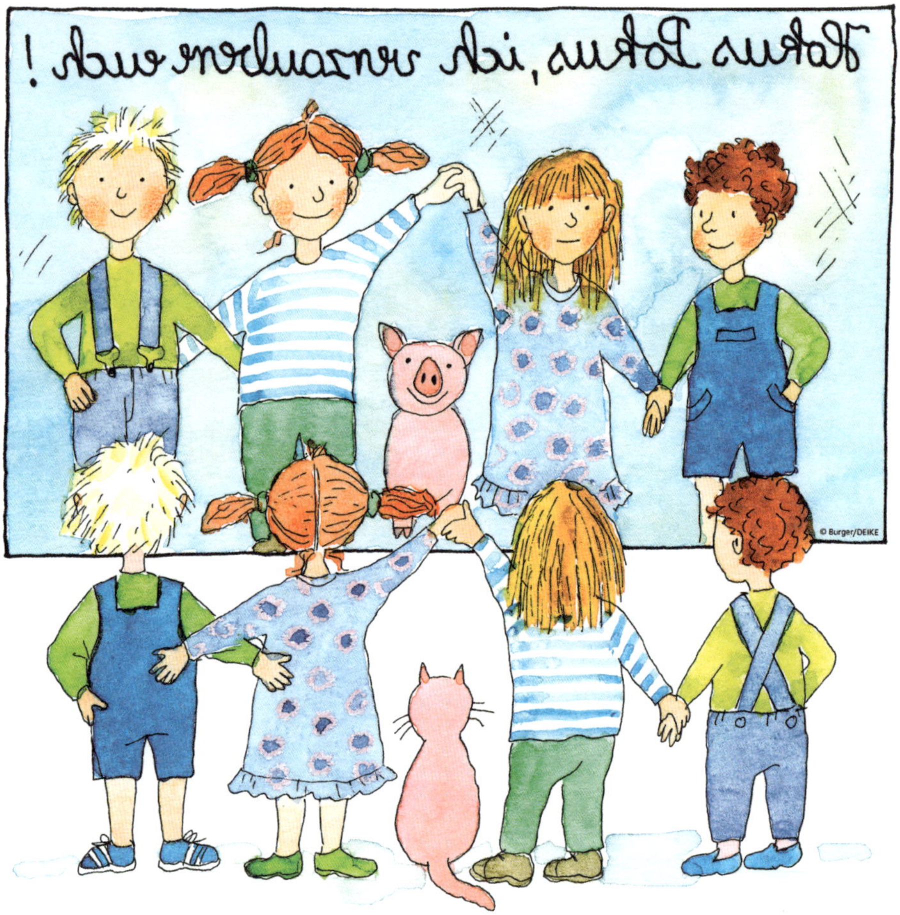

Paul, Katrin, Lisa und Tobias stehen vor einem seltsamen Spiegel. Was ist im Spiegelbild anders? Kannst du die Spiegelschrift lesen? Findest du heraus, wohin die einzelnen Bildausschnitte gehören und welcher nicht zu dem Bild gehört?

1.
2.
3.
4.
5.

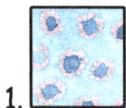

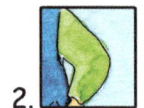

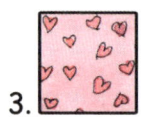

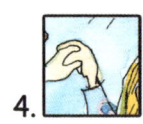

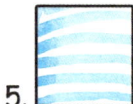

Zunächst musst du die Bedeutung der Bilder herausfinden. Die Zahl links vom Bild sagt dir, wie viele Buchstaben das gesuchte Wort hat. Dann kannst du die richtige Position im Rätsel austüfteln (ö = oe, ü = ue).

Gitterrätsel

1 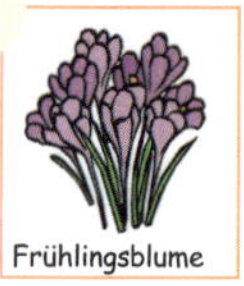
Frühlingsblume

2 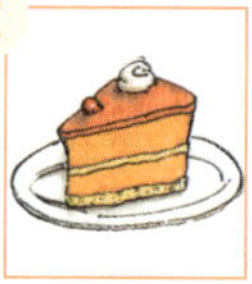

3 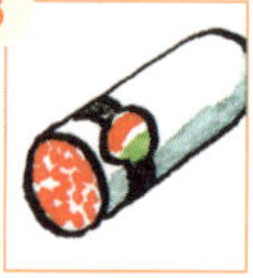

4 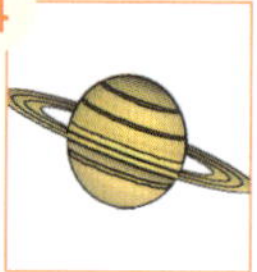

5 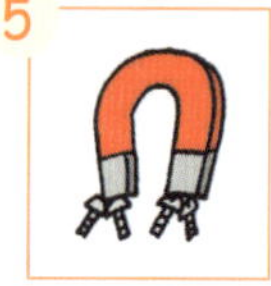

1										
					2					
3										
					4 S	A	T	U	R	N
5										
					6			V		
7										
					8					
9										
					10					

6

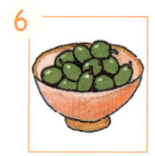

7

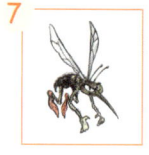

8

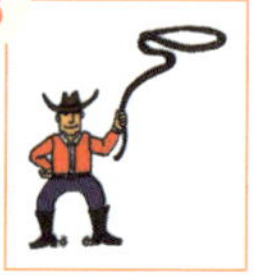

9

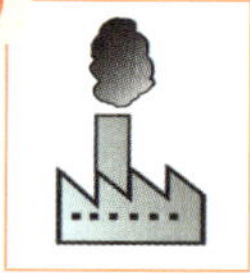

10
Vogelart

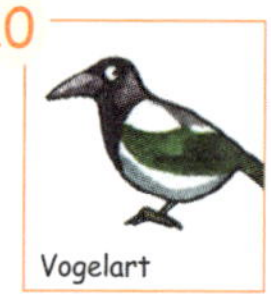

Finde für jedes Bild die passende Beschreibung.
Die Wörter setzt du dann in die vorgegebenen Felder ein.
Auf dem Mittelbalken ergibt sich das Lösungswort (ö = oe, ü = ue).

Trage die Wörter anhand der Zahlen in die Kästchen ein.
Ob waagrecht oder senkrecht, das musst du selbst entscheiden.

E	I	L	M	K	S	M	B	M	K	O	E
M	S	I	C	U	W	E	A	E	R	D	R
D	E	E	I	K	K	U	A	B	K	H	U
G	E	S	C	H	O	K	O	L	A	D	E
I	R	A	D	I	E	R	G	U	M	M	I
K	A	E	G	R	N	O	B	S	I	D	U
U	E	E	R	E	I	N	N	E	U	B	A
G	U	N	R	E	G	E	N	W	U	R	M
E	B	C	R	N	I	O	A	L	U	X	E
L	E	N	M	R	N	R	K	M	O	E	E
B	R	E	L	W	I	M	L	U	L	E	E

Farbe

SEE-RAEUBER

Schreibe auf, was die Bilder bedeuten. Suche dann die Wörter im Buchstaben-feld. Sie können von links nach rechts, von oben nach unten oder auch schräg zu lesen sein. Die Wörter können sich auch überschneiden (ä = ae, ö = oe).

Ein schöner Platzregen hat die Luft etwas abgekühlt.
Wenn du die Buchstaben mit den Zahlen richtig zusammensetzt,
erfährst du, was Oscars Freund Alfons jetzt ist.

© Bruchnalski/DEIKE

Die Buchstaben der Felder 1 bis 13 ergeben eine Figur auf Äckern.

1	2	3	4	5	6	7	8	9	10	11	12	13

Schau genau!

Das obere Bild unterscheidet sich durch 8 Fehler
von dem Bild darunter!

Trage die Wörter anhand der Zahlen in die Kästchen ein.
Ob waagrecht oder senkrecht, das musst du selbst entscheiden.

Konrads Rätsel

1. Lebewesen

2. Flussrand

3. Gegenteil von „voll"

4. Zwei Gleiche sind ein ...

5. männliches Schwein

Alle gesuchten Begriffe enden mit R. Trage sie in Konrads Rätselblume ein! Den Namen der Blume ergibt sich aus den Anfangsbuchstaben der Wörter.

DER ORIENTALISCHE TURM

Bilderrätsel

Die Lieblingszahl des Herrschers Ali al Arab ist 7. Findest du etwas, das nur sechsmal zu sehen ist? Außerdem gibt es im Gemäuer einige Lücken: Welche Steinplatten gehören wohin?

Zunächst musst du die Bedeutung der Bilder herausfinden. Die Zahl links vom Bild sagt dir, wie viele Buchstaben das gesuchte Wort hat. Dann kannst du die richtige Position im Rätsel austüfteln (ä = ae, ü = ue).

Gitterrätsel

1
Wochentag

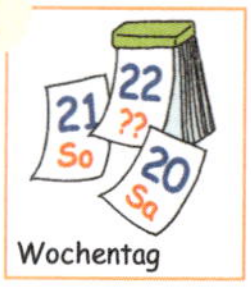

2

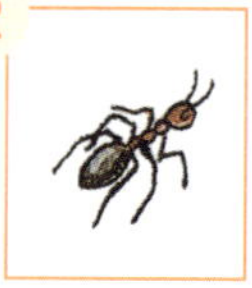

3

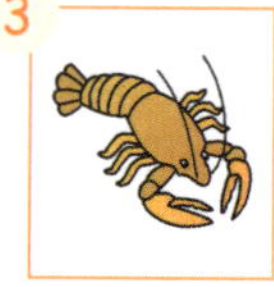

4

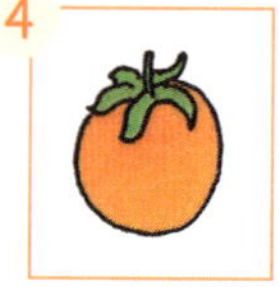

5

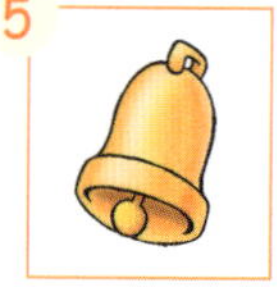

```
1 [ ][ ][ ][ ][ ]
                2 [ ][ ][ ][ ][ ]
3 [ ][ ][ ][ ][ ]
                4 [ ][ ][ ][ ][ ]
5 [ ][ ][ ][ ][ ]
                6 [ ][ ][ ][ ][ ]
7 [ ][ ][ ][ ][ ]
                8 A M B O S S
9 [ ][ ][ ][ ][ ]
                10 [ ][ ][ ][ ][ ]
```

6
Himmelsrichtung

7

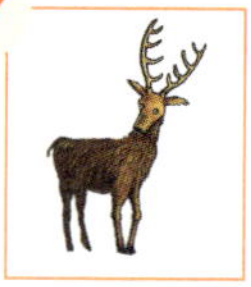

8

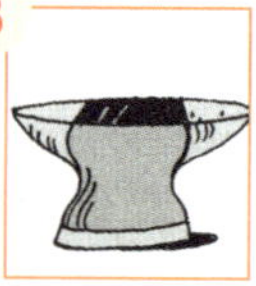

9
russ. Stadt

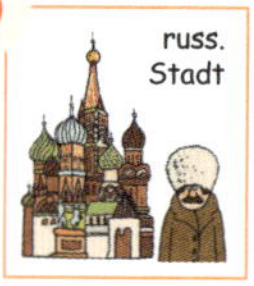

10

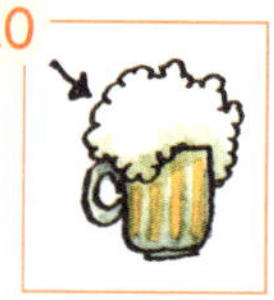

Finde für jedes Bild die passende Beschreibung.
Die Wörter setzt du dann in die vorgegebenen Felder ein.
Auf dem Mittelbalken ergibt sich das Lösungswort.

Trage die Wörter anhand der Zahlen in die Kästchen ein.
Ob waagrecht oder senkrecht, das musst du selbst entscheiden.

Buchstabenrätsel

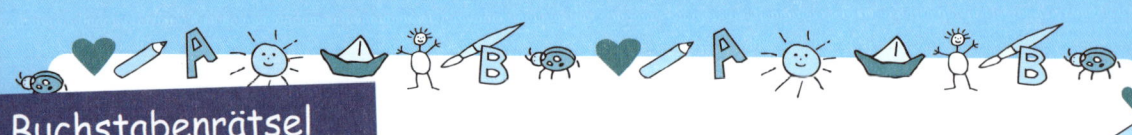

T	S	C	H	A	T	Z	T	R	U	H	E
L	E	S	U	L	R	I	A	N	G	E	L
D	R	L	I	Z	D	N	S	B	A	E	D
K	D	S	C	H	L	U	E	S	S	E	L
M	E	R	A	I	B	D	E	U	R	C	H
D	T	E	T	A	V	E	P	A	O	R	E
E	E	L	E	A	A	L	T	U	A	D	U
H	K	U	D	R	E	H	C	T	D	R	E
O	T	E	E	E	T	O	N	R	L	E	R
S	I	T	E	D	L	L	S	R	E	S	L
E	V	O	E	R	S	Z	T	E	R	A	S

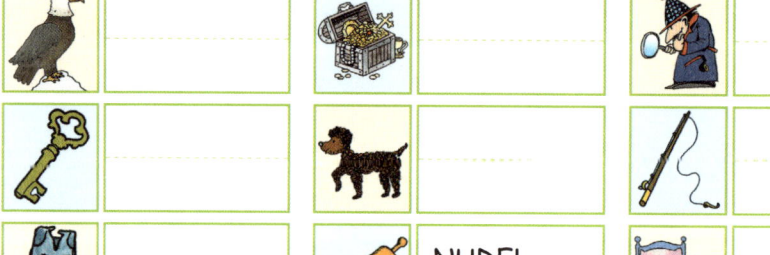

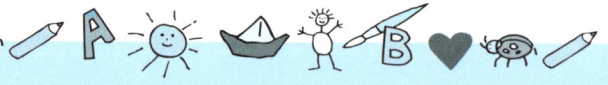

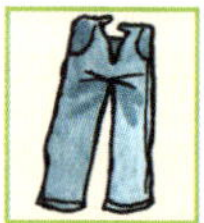		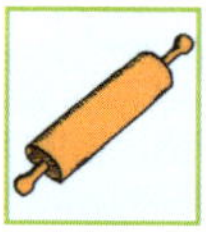	NUDEL- HOLZ	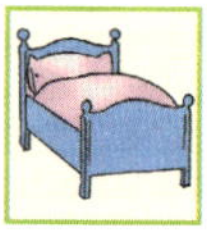	

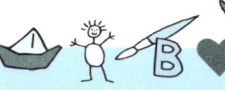

Schreibe auf, was die Bilder bedeuten. Suche dann die Wörter im Buchstabenfeld. Sie können von links nach rechts, von oben nach unten oder auch schräg zu lesen sein. Die Wörter können sich auch überschneiden (ü = ue).

Oscar liebt Spaghetti über alles – kein Wunder, dass er gleich von
vier Tellern isst! Aus welchem Teller aber stammt die Nudel,
die er gerade im Mund hat?

Die Buchstaben der Felder 1 bis 13 ergeben ein kleines Waldtier.

| 1 | 2 | 3 | 4 | 5 | 6 | 7 | 8 | 9 | 10 | 11 | 12 | 13 |

Das obere Bild unterscheidet sich durch 8 Fehler
von dem Bild darunter!

Gitterrätsel

Trage die Wörter anhand der Zahlen in die Kästchen ein.
Ob waagrecht oder senkrecht, das musst du selbst entscheiden.

Oje! Der ganze Apfel ist verwurmt!
Aber nur ein Gang geht von außen bis ins
Kerngehäuse. Welcher?

Im Ameisenhaufen sind alle Vorräte aufgebraucht. Schnell bringen Luise, Willi und Elsa Nachschub. Welche Ameise füllt welche Vorratskammer?

Zunächst musst du die Bedeutung der Bilder herausfinden. Die Zahl links vom Bild sagt dir, wie viele Buchstaben das gesuchte Wort hat. Dann kannst du die richtige Position im Rätsel austüfteln (ä = ae, ö = oe, ü = ue).

Gitterrätsel

 1     2    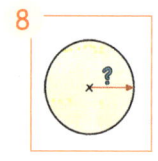 3     4     5

1   ☐ ☐ ☐ ☐ ☐ ☐

2   ☐ ☐ ☐ ☐ ☐

3   ☐ ☐ ☐ ☐ ☐

4   I N G W E R

5   ☐ ☐ ☐ ☐ ☐

6   ☐ ☐ ☐ ☐

7   ☐ ☐ ☐ ☐ ☐

8   ☐ ☐ D ☐ ☐

9   ☐ ☐ ☐ ☐

10   ☐ ☐ ☐ ☐

 6    7    8    9    10

Kontinent

Finde für jedes Bild die passende Beschreibung.
Die Wörter setzt du dann in die vorgegebenen Felder ein.
Auf dem Mittelbalken ergibt sich das Lösungswort (ö = oe).

Trage die Wörter anhand der Zahlen in die Kästchen ein.
Ob waagrecht oder senkrecht, das musst du selbst entscheiden.

AVOCADO

Schreibe auf, was die Bilder bedeuten. Suche dann die Wörter im Buchstabenfeld. Sie können von links nach rechts, von oben nach unten oder auch schräg zu lesen sein. Die Wörter können sich auch überschneiden (ü = ue).

© Bruchnalski/DEIKE

Wenn du die Buchstaben in der richtigen Reihenfolge liest, erfährst du, was Oscar ist. Tipp: Lies zunächst nur jeden zweiten Buchstaben und dann die übriggebliebenen der Reihe nach!

Die Buchstaben der Felder 1 bis 12 ergeben ein Insekt mit Punkten.

1	2	3	4	5	6	7	8	9	10	11	12

Schau genau!

Das obere Bild unterscheidet sich durch 8 Fehler
von dem Bild darunter!

Seite 2
1. Knopf, 2. Kelle, 3. Hunde, 4. Hexe,
5. Sonnenblume/Stempel, 6. Brosche,
7. Erpel, 8. Dieb, 9. Irene, 10. Elster,
11. Pilz, 12. Zwei, 13. Hahn, 14. Laterne

Seite 3
REGEN/SONNE = 1. Riese, 2. Einhorn,
3. Garten, 4. Entenei, 5. Nadel

Seite 4
Alte Liebe = Affe, Löwe, Taube, Elch,
Lamm, Igel, Eule, Bär, Elefant

Seite 5

S	T	A	M	M		K	R	O	K	U	S

(Kreuzworträtsel mit den Lösungswörtern: STAMM, KROKUS, LINEAL, ILTIS, GEIGENKASTEN, EULE, ENERGIE, GABELN)

Seite 6
SAHNETORTE = 1-Globus, 2-Afrika,
3-Seekuh, 4-Neptun, 5-Flagge, 6-Trep-
pe, 7-Torero, 8-Reifen, 9-T-Shirt,
10-Eigelb

Seite 7
1. Oslo, 2. Schlafen, 3. Obst, 4. Esel,
5. Hufeisen, 6. Hose, 7. Stuhl,
8. Loeffel, 9. Rosen/Rucksack, 10. Seil,
11. Schnecke, 12. Eier, 13. Kaese,
14. Ai, 15. Spiegel, 16. Igel, 17. Scherbe

Seite 8

(Kreuzworträtsel mit den Lösungswörtern: BUEGELBRETT, SPINNE, PIRAT, u.a.)

Seite 9
15 Katzen.

Seite 10

(Kreuzworträtsel: GARAGEN, GOLF, MOEHRE, KABEL, PECH, STARS, SEITE, DEN, ANKER, OCHSE, PINK, EHRE, MEISTER, TELEFON, ESEL, EICHE, ZWEIG, EINZELN, IRE)

KAETZCHEN

Seite 11

Seite 12
1. Zar, 2. Tee, 3. Vase/Vogelscheuche,
4. Stempel, 5. Torte, 6. Eimer,
7. Regen, 8. Sturm, 9. Tasse, 10. leer,
11. Muehle, 12. Uhu, 13. Loewe,
14. Kuchen/Kuh, 15. Huene

Seite 13
April, April, der macht, was er will.

Seite 14
Im Urwald

Seite 15

(Kreuzworträtsel: TSHIRT, BLUME, RENNWAGEN, OPOSSUM, FLUSS, CABRIO, RUDER, DELFIN)

Seite 16
FEDERKLEID = 1-Schilf, 2-Enzian,
3-Island, 4-Erbsen, 5-Vampir, 6-Kir-
che, 7-Hummel, 8-Einrad, 9-Bikini,
10-Dusche

Seite 17
1. Socke/Schneemann, 2. Kaktus,
3. Henkel, 4. Laus, 5. Holmes, 6. Elbe,
7. Sieb/Ski, 8. Bier, 9. Ukulele,
10. Eins, 11. Imme, 12. Kragen, 13. Esel,
14. Stufen, 15. Arm, 16. Moewe,
17. Rist, 18. Knie, 19. Wuerfel

Seite 18

(Kreuzworträtsel: SPARSCHWEIN, VOGELHAUS, WAM, u.a.)

Seite 19
Ich heule mit den Wölfen.

Seite 20

(Kreuzworträtsel: ERNIE, UNREIF, BEINE, ELFE, BREIT, STARRE, MEHR, BEULE, STIER, SORTE, BAG, RAN, TORERO, HELM, FOEHN, ZINN, ENKELIN, FESTTAG, HEXE, NATUR, JENER)

BLUMENFEE

Seite 21

Seite 22

1. Ampel, 2. Masken, 3. Eisen, 4. Truhe, 5. Sister, 6. Briefe, 7. Fernrohr/Fee, 8. Rad, 9. Osten, 10. Feile, 11. Lena, 12. Seife, 13. Teufel/Tag, 14. Und, 15. Kanne

Seite 23

Die Schirme gehören von links nach rechts: Karli, Kasimir, Kai.

Seite 24

Schatzkarte = 1. Spaten, 2. Chamäleon, 3. Hut, 4. Affe, 5. Truhe, 6. Zitrone, 7. Kette, 8. Axt, 9. Ring, 10. Tau, 11. Eis
Jack der Affe sitzt oben in der Palme. Ein Hinweis auf Fred gibt der Steckbrief, der an der Palme hängt. Er zeigt Freds Gesicht und Hut. Fred ist der Pirat im Ringelhemd ohne Hut, dieser liegt vorne rechts bei der Halskette.

Seite 25

A	F	F	E		B	U	E	R	S	T	E
	U				A		L		T		I
K	U	S	I	N	E		C		A		S
A		S			N		H	A	R	F	E
R		B		I	D	E	E				N
I		A			E			P			B
B		L	E	H	R	E	R	R			A
I		L				D	A	C	H		N
K	O	F	F	E	R			C			N
		A						H			
J	U	N	G	E		S	K	A	T	E	S

Seite 26

LEUCHTTURM = 1-Paddel, 2-ernten, 3-Donau, 4-Clown, 5-Moench, 6-Tresor, 7-Ticket, 8-Urlaub, 9-Zucker, 10-Marder

Seite 27

1.Burg/Buegeleisen, 2. Regen, 3. Koeln, 4. Brot/Brooklyn, 5. Zeiger, 6. Ollie, 7. Einhorn, 8. Pendel, 9. Emu, 10. My, 11. Reh, 12. Sekunde, 13. Klee, 14. Anker

Seite 28

Seite 29

Tomi ist Stier und Wolf Zwilling.

Seite 30

SONNENSCHEIN

Seite 31

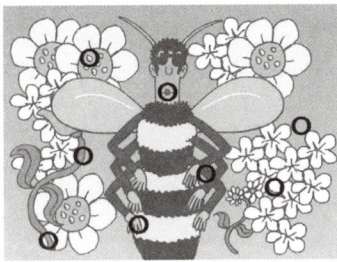

Seite 32

1. Schere, 2. Auto/Angler, 3. Trommel, 4. Clown, 5. Osterhase, 6. Glocke, 7. Kirche, 8. Nest, 9. Eimer, 10. Lehrer, 11. Elch/Eier, 12. Narzisse, 13. Feder

Seite 33

Es fehlen 10 Cent.

Seite 34

Schweinchen 8

Seite 35

Seite 36

EDELSTEINE = 1-Tasche, 2-Delfin, 3-Schere, 4-Lineal, 5-Gebiss, 6-Teller, 7-Statue, 8-Island, 9-Korken, 10-Eimer

Seite 37

1. Hummel/Hufeisen, 2. Maigloeckchen, 3. Elefant, 4. Le, 5. Leiter, 6. Tuer, 7. Rund, 8. Feile, 9. Federn, 10. Rabe, 11. Rad, 12. Sporn, 13. Mueller, 14. Taube, 15. Nacht, 16. Schwalbe, 17. Wal, 18. Keiler

Seite 38

Seite 39

Oscar muss 2 Muffins für 4 Lutscher bezahlen, dafür bekäme er auch 6 Bonbons.

Seite 40

SOMMERANFANG

Seite 41

Seite 42
1. Thron, 2. Frosch/Film, 3. Idee,
4. Marabu, 5. Leier, 6. Flora, 7. Herd,
8. Apfel, 9. Oehr, 10. Io, 11. Oese,
12. Anker, 13. Kamm, 14. Ara,
15. Ohrwurm

Seite 43
Sommer = Sack, Ofen, Maus, Baum,
Ente, Rohr

Seite 44
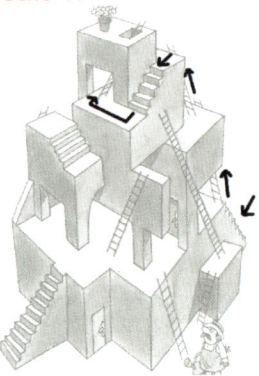

Seite 45

B	R	E	T	T		S	P	U	R	E	N
E		R				A					E
L	A	S	S	O		K	E	B	A	B	
I		S				E					E
E		S	T	A	D	T	P	L	A	N	
B	R	O	T		B		F				Z
T		R		S	A	M	U	R	A	I	
H		O			E		E				E
E	N	K	E	L	I	N		T	U	R	M
I		M			T			Z			E
T	U	B	E		S	P	A	E	T	E	R

Seite 46
ESSLOEFFEL = 1-Schuhe, 2-Skizze,
3-Ananas, 4-London, 5-Cabrio, 6 Eichel,
7-Schiff, 8-Frosch, 9-Kueste, 10-Lei-
ter

Seite 47
1. Stachelbeere, 2. Mohn, 3. Knie,
4. Tropfen, 5. Fackel, 6. Schnecke,
7. Erdbeere, 8. Daumen, 9. Rettich,
10. Baum, 11. Tube, 12. Brief, 13. Mons-
ter, 14. Null, 15. Hexe, 16. Locke,
17. Erpel, 18. Ei

Seite 48

Seite 49
Es ist Nr. 6, die Katze. Die Rede-
wendung lautet „eine Katze im
Sack kaufen".

Seite 50

SPIELPLATZ

Seite 51

Seite 52
1. Sol/Schnuller, 2. London, 3. Ananas,
4. Kaninchen/Klee, 5. Narbe, 6. Beeren,
7. Ufo, 8. Kessel/Kuh, 9. Sichel, 10. Ele-
fant, 11. le, 12. Hocker, 13. Floh,
14. Ofen, 15. Lanze

Seite 53
Wasserpistole

Seite 54
Das Nilpferd

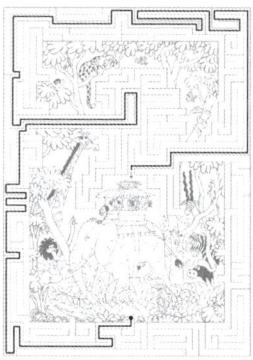

Seite 55

E	I	M	E	R		S	C	H	A	C	H
I		A		O		C					E
S		I		S	C	H	U	E	R	Z	E
T	A	S	T	E		W					
U			E			E		S	E	N	F
E	S	S	I	G		R		C			U
T		H		L	A	T	Z	H	O	S	E
E		O		O				W			H
		R		C	O	M	P	U	T	E	R
		T		K				E			E
T	A	S	S	E		T	E	L	L	E	R

Seite 56
REALSCHULE = 1-Messer, 2-Echse,
3-Kamera, 4-Lehrer, 5-Kaktus, 6-Cello,
7-Fisch, 8-Urwald, 9-Sattel, 10-Email

Seite 57
1. Vase/Vogelscheuche, 2. Salbe,
3. Ferkel, 4. Eigelb, 5. Kelle, 6. Locke,
7. Kai, 8. Eis, 9. Hai, 10. Kleister/Kanne,
11. Tinte, 12. Rebe, 13. Knochen,
14. Tee, 15. Hexe

Seite 58

Seite 59

Karotte und Lauch; Fisch und Aquarium; Sonnenbrille und Sonnenhut; Taucherbrille und Flossen; Torte und Tortenschaufel

Seite 60

REGENBOGEN

Seite 61

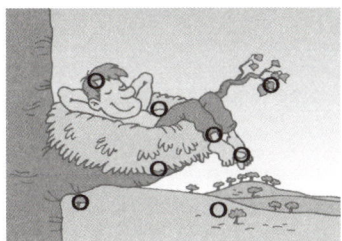

Seite 62

1. Sattel, 2. Birnen, 3. immer/Inka, 4. Alu, 5. Aquarium, 6. Qualle, 7. Miau, 8. Imker, 9. Tandem, 10. Atem, 11. Auge, 12. Floete/Fuss, 13. Kuh, 14. Hut, 15. Ukulelen, 16. Brot, 17. Eis

Seite 63

1 zu – 2 auf – 3 zu – 4 auf – 5 zu – 6 zu – 7 auf – 8 zu – 9 zu

Seite 64

„Hokus Pokus, ich verzaubere euch!" Die beiden Buben außen und die beiden Mädchen in der Mitte haben jeweils die Kleidung vertauscht, und die Katze ist ein Ferkel. Bildausschnitt 3 gehört nicht zum Bild.

Seite 65

Seite 66

SKISTOECKE = 1-Krokus, 2-Kuchen, 3-Salami, 4-Saturn, 5-Magnet, 6-Oliven, 7-Muecke, 8-Cowboy, 9-Fabrik, 10-Elster

Seite 67

1. Leuchtturm, 2. Aster, 3. Figur/Fluegel, 4. Garbe, 5. Ring, 6. Kreisel, 7. Uhren, 8. Schere, 9. Robinson, 10. Roggen, 11. Nashorn, 12. Bett/Beta, 13. Iltis, 14. Iglu, 15. Tauben, 16. Schlot, 17. Domino, 18. Ur, 19. Noten

Seite 68

Seite 69

PUDELNASS

Seite 70

GARTEN / MALER ...

VOGELSCHEUCHE

Seite 71

Seite 72

1. Beule, 2. Pfund, 3. Herzen, 4. Eieruhr, 5. zaeh, 6. Na, 7. Fasan, 8. Spur, 9. Neapel, 10. Aua, 11. Brezel/Braut, 12. Zet, 13. Neujahr, 14. Rehe, 15. Peanut, 16. Elster

Seite 73

TULPE = 1. Tier, 2. Ufer, 3. leer, 4. Paar, 5. Eber

Seite 74

Die blaue Rosette ist nur sechs Mal zu sehen.

Seite 75

ATLAS KUGELN ...

Seite 76
GARTENHAUS = 1-Montag, 2-Ameise, 3-Hummer, 4-Tomate, 5-Glocke, 6-Norden, 7-Hirsch, 8-Amboss, 9-Moskau, 10-Schaum

Seite 77
1. Eicheln, 2. Burg/Belgien, 3. Radio, 4. Saite/Schneefrau, 5. Lid, 6. Schuh, 7. Edison, 8. Nuesse, 9. Pfeil/Pfau, 10. Nadel, 11. Apfel, 12. Lift, 13. Eins/Esel, 14. Muetze

Seite 78

Seite 79
Von Teller b

Seite 80

EICHHOERNCHEN

Seite 81
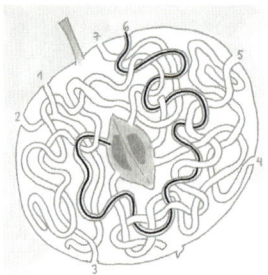

Seite 82
1. Mars, 2. Vulkan, 3. Ufo, 4. Kutsche, 5. Norden, 6. Ah, 7. Hoerner, 8. Brot/Bambus, 9. Osterhase, 10. Feile, 11. Neun, 12. Riegel, 13. Scherben, 14. Eulen, 15. Spree

Seite 83
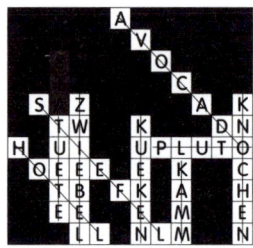

Seite 84
Luise–A, Willi–B, Elsa–C

Seite 85

W U R M		K O M P A S S
A	A	L A P
L I O N	A	E I C H E
N	D U E N N	E
U L M E	R N	W R
S	L A E O	W
S O N N E N B R I L L E		
B	L	K R
A R Z T T A S C H E		F
U	G	E
M O E H R E		E S S E N

Seite 86
ESSIGGURKE = 1-Flamme, 2-Storch, 3-Zirkus, 4-Ingwer, 5-Koenig, 6-Garten, 7-Kakadu, 8-Radius, 9-Anorak, 10-Europa

Seite 87
1. Bett, 2. Hornisse, 3. Boje/Bug, 4. Oslo, 5. Globus/Guerteltier, 6. Glatze, 7. Stein/Stunde, 8. Ruine, 9. Pult, 10. Edelweiss, 11. Sol, 12. Zirkel, 13. Kauz, 14. Raupe

Seite 88

Seite 89
Wenn du nur jeden zweiten Buchstaben und dann die übriggebliebenen Buchstaben der Reihe nach liest, dann ergibt sich: „Ich bin ein gefährlicher Schütze."

Seite 90

MARIENKAEFER

Seite 91